Problemas de
Aprendizaje

Soluciones *paso a paso*

*Una guía práctica para conocer y ayudar al
niño con problemas de aprendizaje*

Tomo 2

EDICIONES
EURO
MEXICO

Problemas de
Aprendizaje

Soluciones paso a paso

*Una guía práctica para conocer y ayudar al
niño con problemas de aprendizaje*

REALIZACIÓN EDITORIAL

Elaborado por un destacado grupo de especialistas graduados en reconocidas Universidades e Institutos Pedagógicos del país y que comprende a profesores de Educación Preescolar, de Educación Primaria, de Educación Secundaria, Licenciados en Educación Especial, Psicólogos, Sociólogos, Pedagogos y Médicos, quienes, por contar con una amplia experiencia, tanto en el trabajo dentro del aula como en labores de investigación, fueron seleccionados para formar parte del equipo responsable de la preparación de esta obra colectiva, la cual, por la trascendencia de la temática desarrollada y la importancia del bloque profesional a quien va dirigida, en todo momento ha sido supervisada por el grupo de asesores técnicos de esta Empresa Editorial.

ARTE Y DISEÑO:
Magdalena Rodríguez Orozco
Martha Rodríguez Orozco
Mayanin Rodríguez Orozco

© **Ediciones Euroméxico, S.A. de C.V.**
Cerrada de Morelos N° 42, Col. Xocoyahualco,
C.P. 54080, Tlalnepantla, Edo. de Méx.
Tel. 53-74-04-99 c/6 líneas. Fax 53-93-11-85
e- mail: ediciones@euromexico.com.mx

I.S.B.N.: (Obra completa) 968-581-428-7
I.S.B.N.: (Tomo 2) 968-581-425-2

Impreso por Talleres Gráficos Peñalara, S. A.
Ctra. Villaviciosa-Pinto, km 15,180. Fuenlabrada (Madrid). España
Teléfono: 34-91 690 14 26. Fax: 34-91 690 56 39
Impreso en España. *Printed in Spain.*

EDICIÓN-2004

Los modelos correctivos y de entrenamiento

or lo general, en este tipo de obras se acostumbra profundizar en los aspectos teóricos y describir una serie de casos ilustrativos que ejemplifiquen los trastornos considerados. Aquí se ha optado por otra alternativa que creemos será más útil y del agrado del maestro o del padre de familia: la presentación de una selección de ejercicios modelo aplicables en la corrección de los problemas de aprendizaje más comunes dentro de los niveles de educación preescolar y primaria, cuyas características y manifestaciones no hagan necesaria la intervención de un especialista.

Desde luego, debe quedar aclarado que el manejo único de las actividades propuestas en los modelos, de ninguna manera hará que el niño supere su problema totalmente. Como ya se mencionó, se trata de modelos que permitirán al maestro elaborar o encontrar materiales similares, cuya aplicación sistemática ayudará al escolar a salir adelante.

Para este volumen se han seleccionado diversos modelos correctivos en función de la dislexia y la disgrafía, por el impacto de estas alteraciones en la capacidad lectora y en la expresión escrita.

Cuando un niño ingresa a la escuela y aprende a leer, puede presentarse la dislexia, que consiste en la incapacidad de leer normalmente, motivada, probablemente, por una lesión cerebral. Tal efecto se considera muy negativo para el proceso lingüístico y puede debilitar todo el desarrollo del escolar dentro de este importante aspecto.

En lo general, la dislexia se encuentra asociada con otras insuficiencias, en especial problemas de memoria, memoria de secuencias, orientación izquierda-derecha, orientación temporal, imagen corporal, ortografía, escritura, y alteraciones perceptivas y motoras. Conviene recordar que, en este caso, la dislexia no debe ser ocasionada por retraso mental, defectos sensoriales, problemas emotivos o falta de enseñanza.

Por otra parte, el lenguaje escrito es el máximo logro verbal de una persona y requiere del dominio de capacidades previas: el desarrollo normal del lenguaje escrito supone la integridad de los procesos sensoriales y motores. Por esto se han incluido modelos correctivos y de entrenamiento que sean eficaces en el manejo de la disgrafía, la revisualización y los trastornos en la formulación y en la sintaxis.

En la disgrafía el niño logra leer y hablar, pero no puede iniciar patrones motores cuando son necesarios para expresarse por medio de la escritura. En casos graves, el escolar ni siquiera puede copiar letras o palabras. Si el problema se refiere a la revisualización, las alteraciones se concentran en la memoria visual, impidiéndole escribir espontáneamente o tomar dictado. En los trastornos de formulación y sintaxis, el problema abarca la ideación. El educando no puede plasmar sus ideas en el papel. Estos últimos trastornos se caracterizan por la omisión de palabras, distorsión en su orden y uso inapropiado de verbos y pronombres, de finales de palabras y de la puntuación.

Para finalizar, también se han querido incluir, por su trascendencia, modelos de entrenamiento en el caso de la detección de trastornos no verbales del aprendizaje, rubro que engloba una gran cantidad de destrezas, como colorear, pegar, rasgar, y cortar con tijeras, así como el reconocimiento de la imagen corporal, la orientación espacial y la orientación derecha-izquierda, entre otras.

CONSTANCIA PERCEPTUAL

Encierra con color rojo, en cada grupo, las figuras que se parezcan.

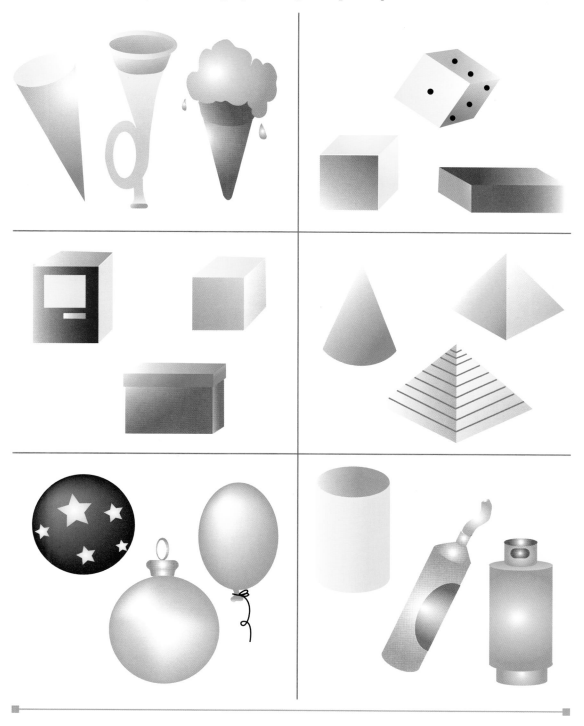

CONSTANCIA PERCEPTUAL

. Tacha con color azul las figuras que sean similares a la de la esquina.

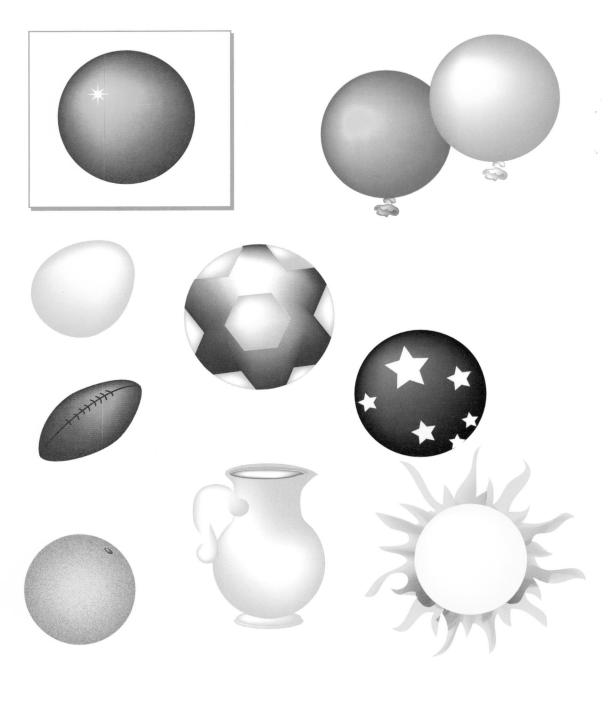

CONSTANCIA PERCEPTUAL

Encierra con una línea roja la figura que es diferente en cada grupo.

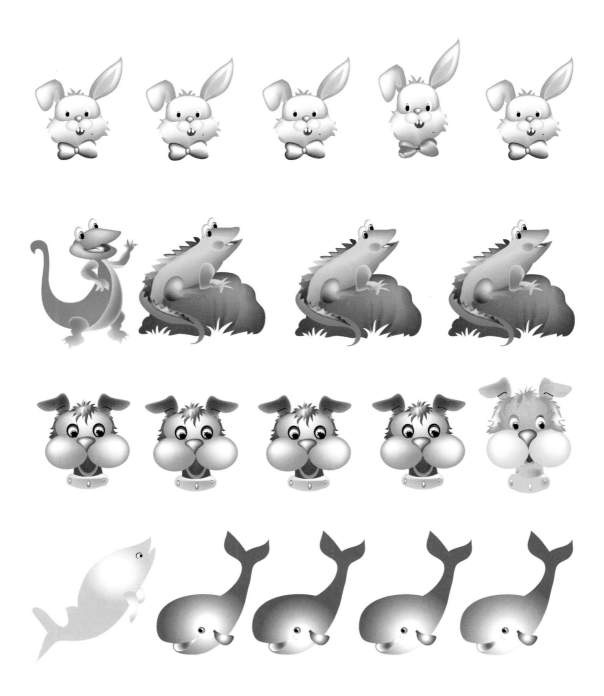

Constancia perceptual

Une los dibujos con una línea azul, según corresponda.

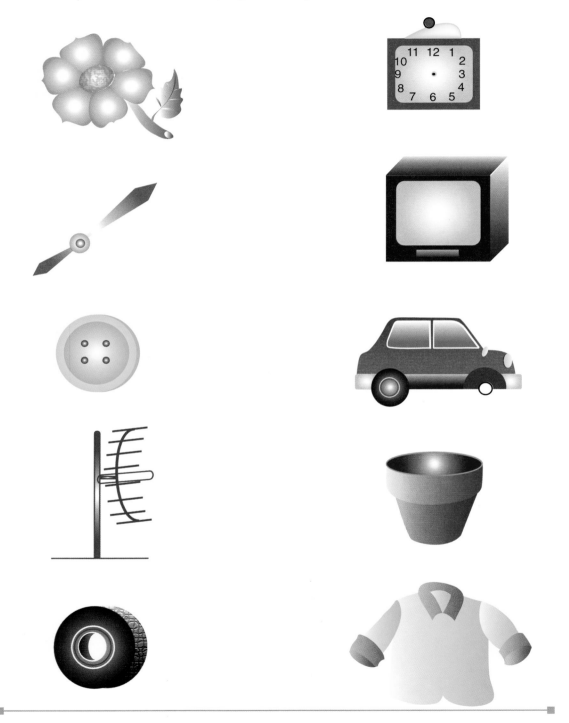

Constancia perceptual

Une con líneas de color café los juguetes pequeños con la caja pequeña, y con líneas anaranjadas, los juguetes grandes con la caja grande.

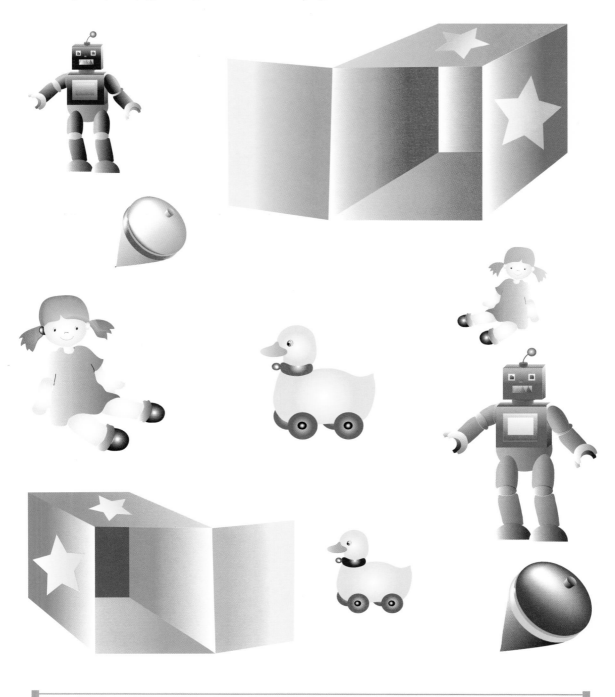

Constancia perceptual

Observa los dibujos que están afuera de los rectángulos y tacha con rojo los objetos en donde se encuentran.

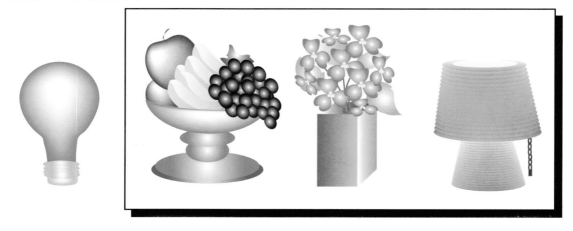

Constancia perceptual

Une con una línea azul cada figura con la silueta que le corresponda.

Constancia perceptual

Colorea las pelotas grandes y encierra con rojo las pequeñas. Pinta, en la primera serie, a los animales pequeños; y en la segunda, a los objetos grandes.

Constancia perceptual

Marca con una cruz lo que sirve para transportarnos y coloréalo.

CONSTANCIA PERCEPTUAL

Une las dos mitades por medio de una línea y después coloréalas.

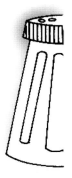

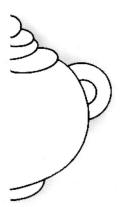

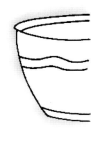

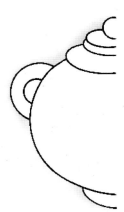

Destrezas psicomotrices

Colorea al mono. Corta popotes y pégalos sobre los barrotes de la jaula.

DESTREZAS PSICOMOTRICES

Colorea el árbol. Pega confeti de colores para adornarlo.

DESTREZAS PSICOMOTRICES

Pega una bolita de algodón en el centro de las flores.

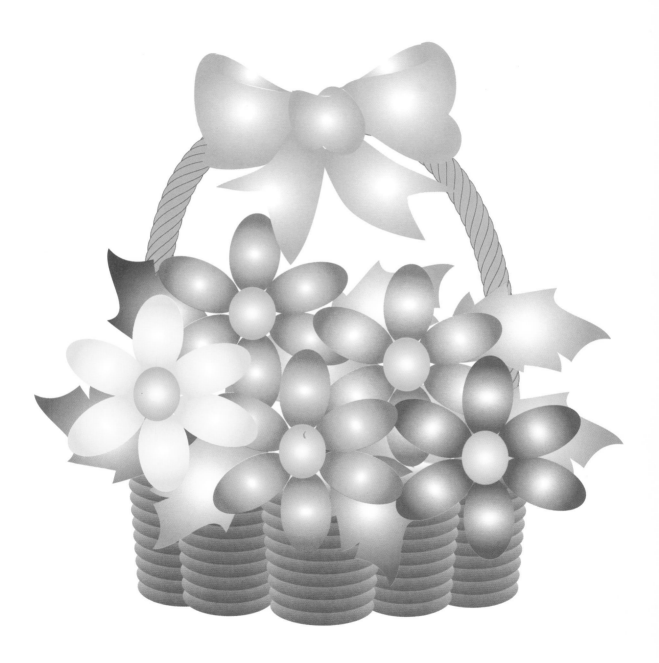

DESTREZAS PSICOMOTRICES

Recorta sobre las líneas punteadas.

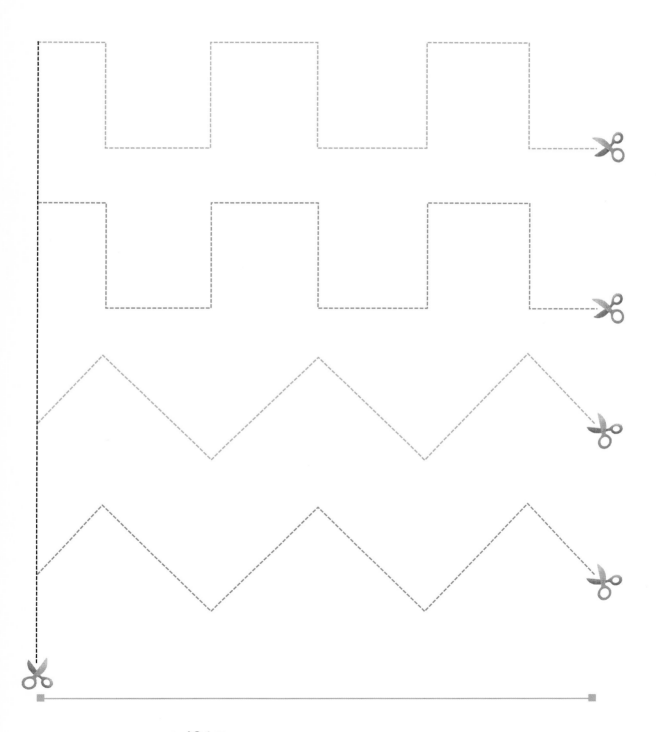

DESTREZAS PSICOMOTRICES

Recorta sobre las líneas punteadas.

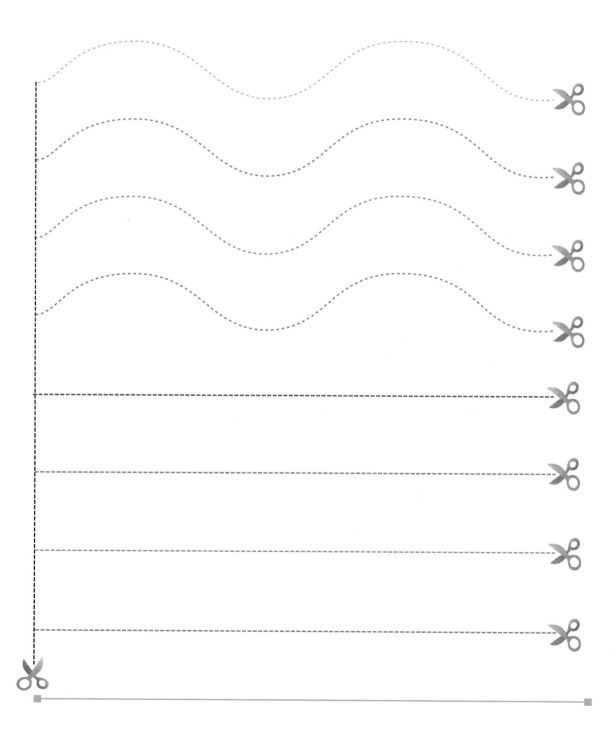

DESTREZAS PSICOMOTRICES

Recorta los personajes y pégalos en un palito de paleta.

Destrezas psicomotrices

Recorta el dibujo y pégalo sobre una cartulina; después, vuélvelo a recortar, dobla las pestañas y pégalas.

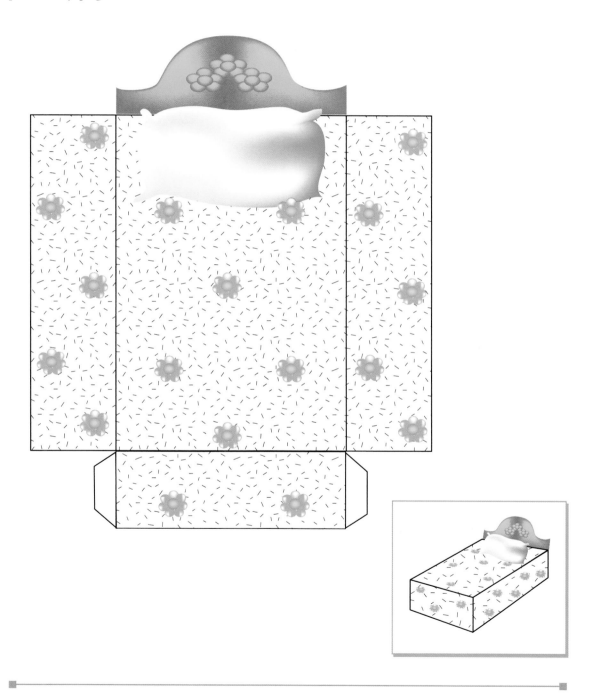

Ubicación espacial

Recorta pedacitos de papel lustre o lustrillo verde y pégalos sobre el follaje del árbol que está adelante de la jirafa. Colorea el follaje del árbol que está atrás de la jirafa. Pinta de amarillo el perro que está adelante del árbol y de café el que está atrás.

Ubicación espacial

Une las líneas para completar el juguete que está dentro de la caja, colorea el juguete que está fuera de ella. Dibuja y colorea un pato fuera del estanque y un pez dentro.

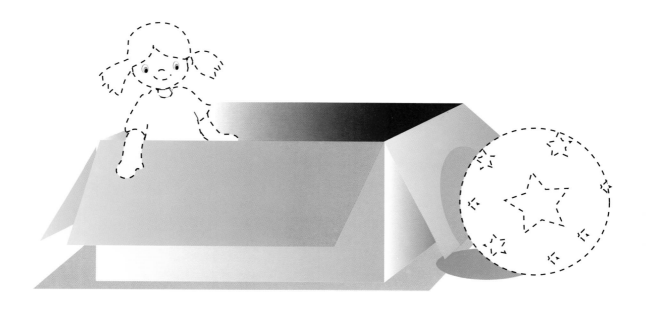

Ubicación espacial

Observa y comenta con tus compañeros las ilustraciones. Tacha con verde los niños y el avión que están arriba. Encierra con rojo los que están abajo. Colorea de amarillo los caracoles que están arriba de la roca y de café los que están abajo.

Ubicación espacial

Sigue los caminos con tu lápiz y coloréalos.

Imagen corporal

Dibuja las partes de la cara que hacen falta; y coloréalas.

Imagen corporal

Dibuja las partes que faltan. Guíate por las que ya están dibujadas. No olvides colorearlas.

IDENTIFICACIÓN FIGURA-FONDO

Busca las figuras de la parte inferior de la ilustración entre los dibujos que están arriba y pinta ambas del mismo color.

IDENTIFICACIÓN FIGURA-FONDO

Encuentra y colorea las casas.

Percepción visomotora

Marca con un color diferente el camino que tienen que recorrer cada uno de los animales que se encuentran del lado izquierdo.

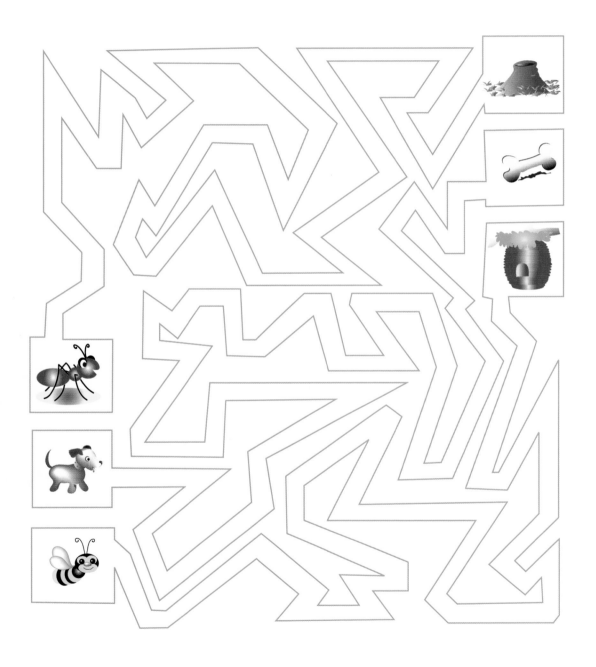

PERCEPCIÓN VISOMOTORA

Remarca el trazo siguiendo las formas sin despegar el lápiz de la hoja.

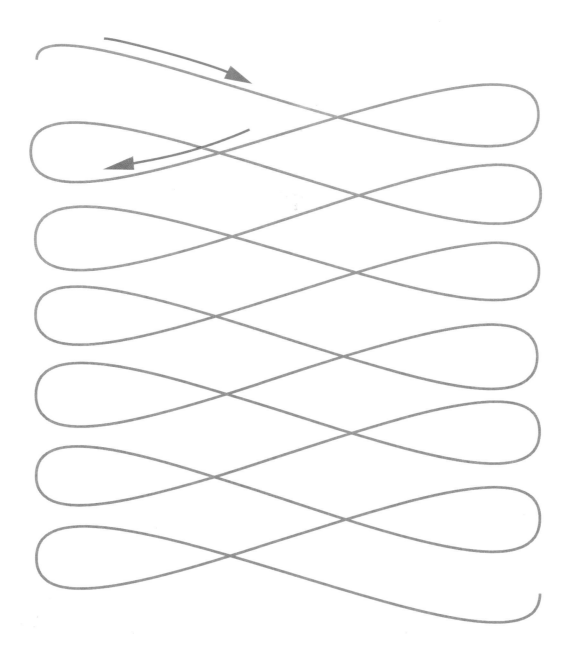

PERCEPCIÓN VISOMOTORA

Une las flechas con líneas rectas según corresponda.

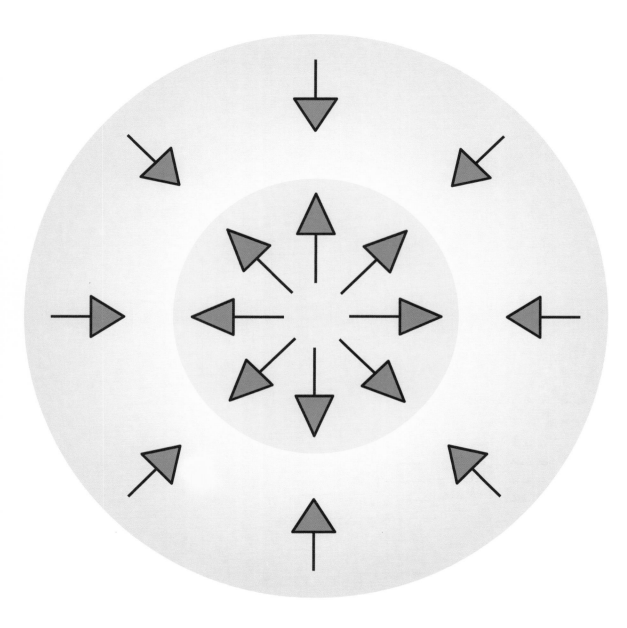

PERCEPCIÓN VISOMOTORA

Repasa las líneas.

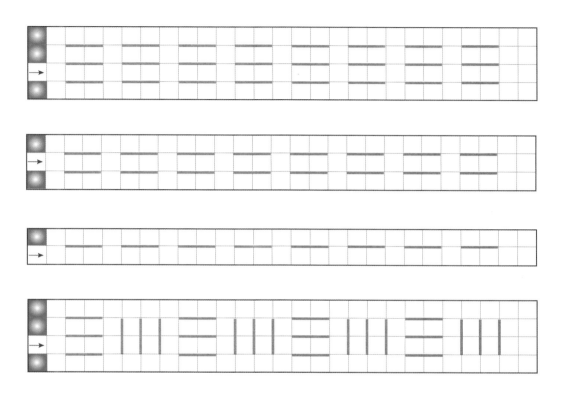

Completa las series.

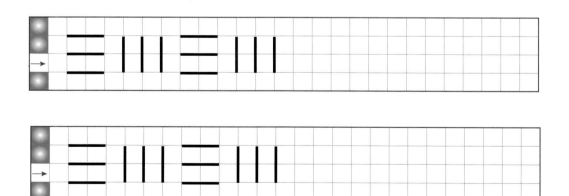

PERCEPCIÓN VISOMOTORA

Repasa las líneas.

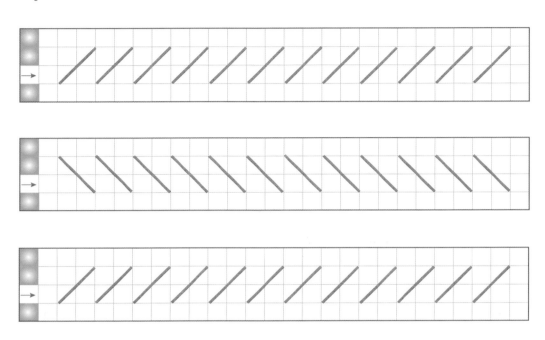

Completa las series.

Percepción visomotora

Repasa las líneas.

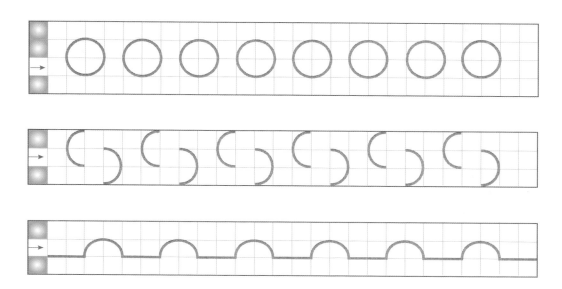

Completa las series.

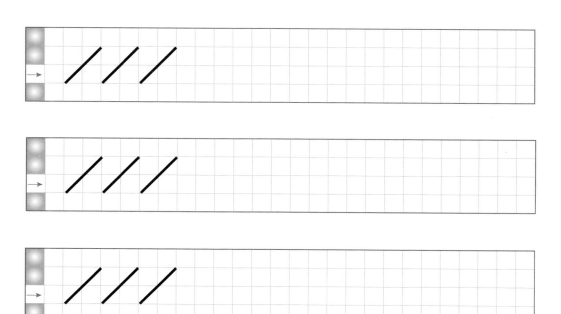

PERCEPCIÓN VISOMOTORA

Termina las grecas.

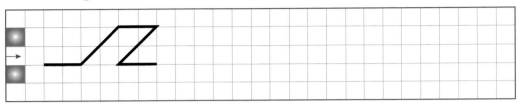

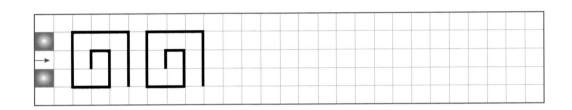

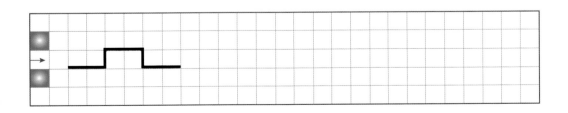

PERCEPCIÓN VISOMOTORA

Copia los barcos y coloréalos.

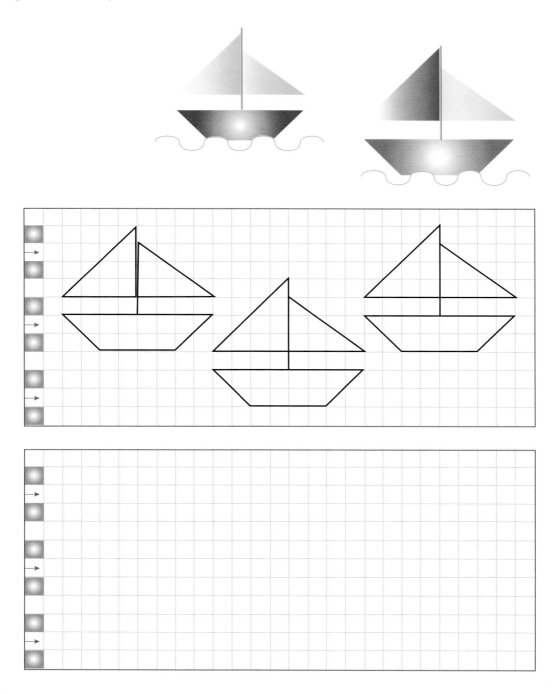

PERCEPCIÓN VISOMOTORA

Coloca un punto en cada celdilla del panal.

PERCEPCIÓN VISOMOTORA

Completa el ejercicio.

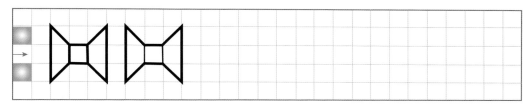

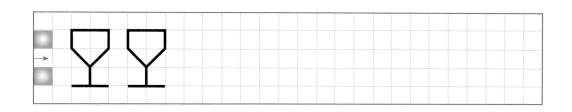

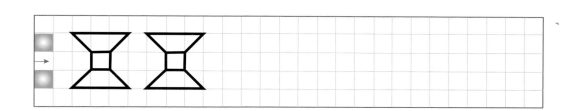

LATERALIDAD

Colorea los dibujos que correspondan a los de la izquierda.

EL CORDERO AGRADECIDO

ace muchos años ocurrió un episodio realmente curioso en la ciudad de Boston, en América del Norte. Un rebaño de corderos era conducido por una de las calles centrales de la gran ciudad. Uno de los animales cayó de repente en el camino, completamente exhausto.

Un niño andrajoso que presenció aquella escena, comprendió que el pobre corderito había sido vencido por la sed, pues seguramente el rebaño venía de lejos, castigado por el sol y por el cansancio.

¿Qué hizo el jovencito? Se sacó de la cabeza el harapiento sombrero de paño oscuro, rápidamente fue a llenarlo con agua y dio de beber al cordero que con ese auxilio se reanimó y fue a reunirse con el rebaño.

Uno de los espectadores empezó a mofarse del caritativo niño y le preguntó malévolamente si no había oído decir al cordero: —¡Gracias tiíto!

Se acercó entonces un caballero que venía observando todo lo sucedido con la mayor atención, y dirigiéndose al hombre que se burlaba le dijo:

—El cordero no dio las gracias por un motivo muy simple. Yo estoy encargado de agradecer por él, el acto de bondad que ha hecho este niño.

Y volviéndose hacia el generoso y tímido adolescente le dijo:

—Me llamo Eduardo Baer y soy dueño de una editorial. Los niños dotados de buenos sentimientos deben ser protegidos. De hoy en adelante estarás bajo mi protección. Haré que cuiden de ti.

Ayudado por su rico y generoso protector, el andrajoso muchachito, se convirtió más tarde en un médico notable. Y hasta hoy el nombre del doctor Carlos Mors es citado como ejemplo de bondad.

Anónimo

EL CORDERO AGRADECIDO

EJERCICIOS PARA EL ESTUDIO DE LA LECTURA

COMPRENDER LAS PALABRAS

I. Escribe una oración con cada una de las siguientes palabras. Consulta el diccionario cuando lo creas necesario.

1. exhausto   2. mofarse

3. harapiento   4. andrajoso   5. malévolamente

1. _____
2. _____
3. _____
4. _____
5. _____

IDENTIFICAR DETALLES

II. Completa el siguiente fragmento de la narración con las palabras adecuadas. Recuerda: debes apoyar tus palabras en lo que dice la narración.

En la ciudad de _____ un rebaño de corderos era

conducido por una de las calles; uno de los animales cayó de repente,

completamente _____. Un niño _____ que

presenció aquella escena comprendió que el pobre corderito había sido

vencido por la _____ y el _____. El jovencito se quitó de la

cabeza el _____, lo llenó con agua y dio de _____

al cordero, quien se _____ y fue a reunirse con el rebaño.

Uno de los _____ comenzó a _____ del

caritativo niño y le preguntó malévolamente si no había oído decir al

cordero: ¡Gracias tiíto!

IDENTIFICAR LA IDEA CENTRAL

III. Selecciona y subraya la alternativa que mejor completa la premisa numerada.

1. ¿A cuál de los siguientes temas da más importancia la narración?
   a. Al agua
   b. A los corderos tristes
   c. Al gesto de ayudar
   d. A la ciudad

2. Escoge la idea central de la narración.
   a. Dar agua a los animales
   b. El dueño de una editorial
   c. La burla de un espectador
   d. Los buenos sentimientos de un niño

3. Un suceso importante en el tercer párrafo es:
   a. Se quitó el sombrero
   b. El cordero se unió al rebaño
   c. Se sacó de la cabeza el harapiento sombrero
   d. Dio de beber al cordero y lo reanimó

4. La idea más importante del penúltimo párrafo es:
   a. Los dueños de una editorial deben proteger a otros
   b. No debemos dar de beber a los corderitos
   c. Los niños de buenos sentimientos deben ser protegidos
   d. Uno de los espectadores empezó a mofarse

5. La idea más importante que tiene toda la narración es:
   a. Algunos corderitos tienen sed
   b. Las personas de buenos sentimientos no son ajenas a los sufrimientos de los animales
   c. Los pobres tienen sombreros harapientos
   d. Los ricos son los que pueden dar

ESTABLECER EL ORDEN DE LOS SUCESOS

IV. Estudia las cinco escenas siguientes. Escribe, dentro de los círculos, el número que corresponda según el orden en que sucedieron los hechos narrados en la lectura.

CONTESTAR PREGUNTAS PARA EL DESARROLLO DE VALORES Y DEL PENSAMIENTO CRÍTICO

V. *Lee, piensa y participa en una discusión grupal con tus respuestas a las preguntas siguientes.*

1. ¿Crees que todas las personas se preocupan por el sufrimiento de los animales?

2. ¿Qué piensas del gesto bondadoso del dueño de la editorial?

3. ¿Crees que nuestras buenas acciones tendrán recompensa?

4. ¿Has pensado que los animales dependen, muchas veces, de nosotros para sobrevivir?

5. ¿Has ayudado a algún animal para que comiera o calmara su sed? ¿Qué sentiste?

6. ¿Tienes animales bajo tu cuidado? ¿Cuáles? ¿Los quieres?

7. ¿Qué otras cualidades piensas que tenía el jovencito andrajoso?

8. ¿Qué piensas de la actitud del espectador que se burló del caritativo niño?

9. ¿Has pensado alguna vez que los animales también sufren? ¿Por qué causas?

10. ¿Consideras que tanto ricos como pobres pueden dar y ayudar a alguien? ¿Por qué?

SANTO TOMÁS Y EL BUEY QUE VOLABA

 uentan los anales de la orden de Santo Domingo que hallándose Santo Tomás de Aquino en su celda, en el convento de San Jaime, encorvado sobre oscuros manuscritos medievales, entró de repente un fraile juguetón gritando escandalosamente:

—¡Hermano Tomás, acabo de ver un buey volando!

Tranquilamente el gran doctor de la iglesia se levantó del banco, dejó la celda, y dirigiéndose hacia el atrio del monasterio se puso a mirar el cielo con la mano puesta sobre los ojos fatigados por el estudio. Al verlo así el fraile jovial se puso a reír ruidosamente.

—Hermano Tomás, ¿entonces eres tan crédulo que creíste que un buey podía volar?

—¿Por qué no, amigo mío? —respondió el santo.

Y con la misma sencillez, flor de sabiduría, dijo:

—Prefería admitir que un buey volara a creer que un religioso pudiera mentir.

Malba Tahán

SANTO TOMÁS Y EL BUEY QUE VOLABA

IDENTIFICAR DETALLES

I. Observa cada dibujo y describe brevemente lo que representa. Utiliza las líneas.

_____
_____
_____
_____
_____

_____
_____
_____
_____
_____

_____
_____
_____
_____
_____

_____
_____
_____
_____
_____

IDENTIFICAR LA IDEA CENTRAL

I. Selecciona la alternativa que mejor completa la premisa numerada.

1. Toda la lectura da más importancia a:
   a. Santo Tomás en su celda del convento
   b. Al fraile juguetón gritando
   c. A la sabiduría de Santo Tomás para enseñar la verdad
   d. A los ojos del santo fatigados por el estudio

2. Otro título para esta lectura puede ser:
   a. La vida en los conventos
   b. Un fraile juguetón
   c. Los manuscritos medievales
   d. Los amigos no se mienten

3. ¿Cuál de las siguientes oraciones se relaciona más con la idea central?
   a. ¡Hermano Tomás, acabo de ver a un buey volando!
   b. Preferiría creer que un buey volara a que un religioso mienta
   c. Se puso a mirar el cielo con la mano sobre los ojos fatigados
   d. Se dirigió al atrio del monasterio

4. ¿A cuál de los siguientes temas la narración da más importancia?
   a. A la mentira
   b. A los frailes
   c. A los bueyes voladores
   d. A los manuscritos medievales

5. ¿Cuál es el mensaje más importante de la narración?
   a. La vida de los frailes
   b. Santo Tomás de Aquino en su celda
   c. Los ojos fatigados por el estudio
   d. Un creyente en Dios no puede mentir

COMPRENDER LAS PALABRAS

III. Elige la palabra que mejor corresponda a cada significado.

1. fraile   2. anales   3. medieval

4. encorvado   5. monasterio

1. Se refiere a una relación de sucesos o crónicas: _____
2. Es la casa de los monjes o religiosos: _____
3. Nombre que se da a los religiosos de ciertas órdenes: _____
4. Doblado, inclinado sobre algo: _____
5. Perteneciente a la Edad Media: _____

CONTESTAR PREGUNTAS PARA EL DESARROLLO DE VALORES Y DEL PENSAMIENTO CRÍTICO

IV. Lee, piensa y participa en una discusión grupal con tus respuestas a las siguientes preguntas.

1. ¿Con quién se relaciona el creyente o el religioso?

2. ¿Estará bien que alguien que se declara verdadero creyente en Dios mienta?

3. ¿Te parece que Santo Tomás confiaba en la palabra de sus hermanos religiosos? ¿Por qué?

4. ¿Consideras que la mentira es una falta de respeto a los demás?

5. ¿Acostumbras mentir?

6. ¿Te molesta que te digan mentiras? ¿Por qué?

7. ¿Crees que es peligroso mentir?

8. ¿La verdad está relacionada con Dios?

9. ¿Será mejor decir la verdad aunque ésta no sea siempre agradable? Explícalo.

10. ¿Crees que pueda existir una sana convivencia entre personas que se mienten?

LOS TRES OBREROS

res obreros preparaban piedras para la construcción de un gran templo.

Me aproximé al primero y le pregunté mirándole con simpatía:

—¿Qué estás haciendo amigo mío?

—¡Preparo piedras! —respondió secamente.

Me encaminé hacia el segundo y le interrogué del mismo modo:

—¡Trabajo por mi salario! —fue su escueta respuesta.

Me dirigí entonces al tercero y le hice la misma pregunta que había hecho a los otros dos.

—¿Qué estás haciendo, amigo mío?

El obrero mirándome lleno de alegría respondió con entusiasmo:

—¿No lo ves? Estoy construyendo una catedral.

Anónimo

LOS TRES OBREROS

EJERCICIOS PARA EL ESTUDIO DE LA LECTURA

COMPRENDER LAS PALABRAS

I. Escribe una oración con cada una de las siguientes palabras. Utiliza el diccionario cuando lo creas necesario.

1. construcción   2. observar

3. escueta   4. simpatía   5. contemplaba

1. _____

2. _____

3. _____

4. _____

5. _____

IDENTIFICAR DETALLES

II. Contesta las siguientes preguntas. De ser necesario, compara tus respuestas con lo expresado en la lectura.

1. ¿Qué iban a construir los tres obreros?

_____

2. ¿Qué respondió el primer obrero interrogado?

_____

3. ¿Qué respondió el segundo?

_____

4. ¿Y el tercero?

_____

5. ¿Qué es lo que nos pide el autor que observemos?

_____

IDENTIFICAR LA IDEA CENTRAL

III. Selecciona la alternativa que mejor completa la premisa numerada.

1. El suceso más importante en el primer párrafo es:
    a. Los obreros
    b. Las piedras
    c. La preparación para construir un gran templo
    d. Que eran tres obreros

2. Otro título para esta narración puede ser:
    a. La manera de cumplir con el deber
    b. Los tres amigos
    c. Unos trabajadores
    d. La diferente manera de trabajar

3. ¿Cuál de los obreros entrevistados trabaja con alegría?
    a. El primero
    b. El segundo
    c. El tercero
    d. El cuarto

4. Fue la manera de contestar del segundo obrero:
    a. ¡Preparo piedras!
    b. ¡Tengo que trabajar!
    c. ¡Estoy construyendo una catedral!
    d. ¡Trabajo por mi salario!

5. La idea central de la narración es:
    a. La preparación de una construcción
    b. Las preguntas de los obreros
    c. Diferentes maneras de cumplir con el deber
    d. La construcción de los templos

CONTESTAR PREGUNTAS PARA EL DESARROLLO DE VALORES Y DEL PENSAMIENTO CRÍTICO

IV. Lee, piensa y participa en una discusión grupal con tus respuestas a las siguientes preguntas.

1. ¿Crees que la actitud del primer obrero se asemeje a la de un esclavo?

2. ¿Cómo nos sentiríamos si únicamente nos importara el dinero que obtuviéramos por nuestro trabajo?

3. ¿Crees que seríamos felices si nuestro trabajo se convierte en una lucha por alcanzar un ideal?

4. ¿Cuál era el ideal del obrero alegre y entusiasta?

5. ¿Cuando realizas un trabajo escolar, cuál es tu ideal?

El pajarito y el incendio

E n la selva de Saria, en la India, vivían muchos animales. De todos ellos el más hermoso era un pajarito muy apreciado por todos sus compañeros.

Cierta vez se produjo en la selva un violento incendio y los habitantes de Saria quedaron horrorizados ante tan inesperada calamidad. El fuego amenazaba con devorar los árboles seculares y los acogedores bosques...

¿Qué hacer? Las llamas eran terribles.

Bajo el calor de las llamas enrojecía el cielo, la madera crepitaba. Los troncos inmensos rodaban reducidos a negros pedazos de carbón.

Ante semejante catástrofe el pajarito estaba muy triste. De repente corrió hacia el río, se metió dentro y luego se puso a volar sobre las llamas. Las gotas de agua que conservaba en las plumas las esparcía sobre el fuego intentando apagarlo. Iba y venía del río incesantemente, repitiendo continuamente aquella fatigosa maniobra sin desfallecer.

Un chacal indolente, le hizo entonces, irónicamente esta observación:

—Amigo mío, ¿qué tontería estás haciendo? ¿Crees acaso que con esas gotitas de agua que te quedan en las plumas conseguirás apagar ese incendio que lo devora todo?

El pajarito replicó:

—Ya sé que mi ayuda es insignificante ante esa columna de fuego y humo que está aniquilando el bosque. Pero no puedo hacer más de lo que hago, así que por lo menos sé que estoy cumpliendo con mi deber. Si todos hubiéramos procurado atajar el fuego en la medida de nuestras fuerzas y posibilidades, las llamas que destruyen nuestro bosque ya se habrían extinguido.

Y de nuevo se volvió orgulloso y sin la menor sombra de desaliento a su trabajo.

Anónimo

EL PAJARITO Y EL INCENDIO

IDENTIFICAR DETALLES

I. Selecciona la alternativa que mejor completa la premisa numerada.

    1. Esta narración se desarrolla en:
        a. Un barrio
        b. Un pueblo
        c. La selva
        d. La estepa

    2. Los habitantes de Saria quedaron horrorizados ante un inesperado:
        a. Huracán
        b. Incendio
        c. Viento
        d. Sismo

    3. Ante esta catástrofe, el pajarito estaba:
        a. Enojado
        b. Asustado
        c. Miedoso
        d. Triste

    4. El agua con la que el pajarito intentaba apagar el fuego la traía de:
        a. El mar
        b. Un río
        c. Una laguna
        d. Un charco

    5. Consideraba que era una tontería la acción del pajarito:
        a. El pelícano
        b. El león
        c. El chacal
        d. El venado

ESTABLECER EL ORDEN DE LOS SUCESOS

II. Organiza los siguientes sucesos en el orden en que ocurrieron. Usa numerales.

   _____ Bajo el calor de las llamas el cielo se enrojecía.
   _____ El chacal consideraba tonto el esfuerzo del pajarito.
   _____ El pajarito esparcía el agua de sus plumas sobre el fuego.
   _____ Se produjo en la selva un violento incendio.
   _____ El pajarito continuó orgulloso su esfuerzo sin desalentarse.

III. Relaciona y anota la letra que mejor corresponda.

El pajarito: **A**

Los animales del bosque: **B**

Indolente: **C**

Un incendio: **D**

El pajarito valiente: **E**

Cumplir con su deber: **F**

1. Era muy apreciado por todos sus compañeros:

2. Amenazaba con devorar árboles y bosques:

3. Podría ser otro título de esta lectura:

4. Era la actitud del pajarito:

5. Palabra utilizada para describir al chacal:

COMPRENDER LAS PALABRAS

IV. Selecciona la alternativa que mejor complete la premisa numerada. Utiliza el diccionario cuando lo creas necesario.

1. La palabra crepitar se refiere a:
   a. Ensortijado o rizado
   b. Quemarse
   c. Ruido de la leña que arde
   d. Aumento progresivo del ruido

2. ¿Cuál de las siguientes definiciones significa catástrofe?
   a. Suceso desgraciado que altera el orden
   b. Punto culminante de un drama
   c. Momento de suspenso
   d. Examinar algo

3. La palabra incesantemente se refiere a:
   a. Neciamente
   b. Escandalosamente
   c. Que no acaba, que no cesa
   d. Que termina pronto

4. Indolente significa:
   a. Que no tiene capacidad
   b. Que no conoce
   c. Diligente
   d. Flojo, perezoso

5. La palabra irónicamente se refiere a:
   a. Algo que se dice con burla disimulada
   b. Algo que se dice rápidamente
   c. Algo que se dice precipitadamente
   d. Algo que se dice ruidosamente

CONTESTAR PREGUNTAS PARA EL DESARROLLO DE VALORES Y DEL PENSAMIENTO CRÍTICO

V. *Lee, piensa y participa en una discusión grupal con tus respuestas a las siguientes preguntas:*

1. ¿Cuáles de las siguientes palabras nos hablan de las características del pajarito de la lectura?

   _____ indolente   _____ solidario
   _____ apreciado   _____ flojo
   _____ egoísta   _____ responsable
   _____ diligente   _____ perseverante

2. ¿Crees que era tonto lo que el pajarito hacía? ¿Por qué?

3. Aunque tu ayuda fuera aparentemente insignificante, ¿valdría la pena seguirla dando?

4. ¿Crees que sea importante cooperar con tu "granito de arena"?

5. ¿Es negativa la actitud del chacal? ¿Por qué?

6. ¿Consideras que no deberíamos desanimarnos y entre todos ayudar a la solución de los problemas?

7. ¿Has otorgado tu ayuda a alguien dentro de tus posibilidades?

8. ¿Crees que las pequeñas gotas reunidas acaban formando un torrente impetuoso?

9. ¿Qué actitud tomarías con quien intenta desalentarte en la ayuda a los demás?

10. ¿Crees que cumpliendo con nuestro deber y con una actitud solidaria ante los problemas podríamos resolverlos, aunque éstos fueran de grandes dimensiones?

EL ÁGUILA DESPIERTA

n cazador descubrió, casualmente, un nido de águilas construido en una alta roca vecina a su cabaña.

Sacando del nido un aguilucho aún sin plumas lo llevó a su casa y lo juntó con unos polluelos y otras aves de corral. Allí se acostumbró a vivir con tan pacífica compañía, que perdió por algún tiempo el fiero instinto del ave de rapiña.

Un día, cuando descansaba tranquilamente al sol, otra águila pasó con amplio vuelo sobre la terraza. Una extraña agitación dominó al aguilucho dormido: abrió las alas, anduvo a saltitos sobre las puntas de las patas y lanzando un agudo chillido voló en busca de su hermana, y en poco tiempo no era más que un punto negro perdido en la curva remota del horizonte.

La prisionera descubrió que no había nacido para vivir en las estrecheces de una terraza, sino para levantarse en las amplitudes del cielo, para pararse en las rocas invictas y abrigarse en las grutas de los picos abruptos, viviendo más allá de las nubes, más allá de las tempestades.

Anónimo

EL ÁGUILA DESPIERTA

EJERCICIOS PARA EL ESTUDIO DE LA LECTURA

IDENTIFICAR DETALLES

I. Contesta las siguientes preguntas en forma completa.

1. ¿Qué descubrió el cazador?

   _____

2. ¿Qué sacó del nido?

   _____

3. ¿Por qué el aguilucho perdió su fiero instinto de ave de rapiña?

   _____

4. ¿Qué vio pasar por la terraza un día cuando descansaba tranquilamente?

   _____

5. ¿Qué descubrió el águila prisionera?

   _____

ESTABLECER EL ORDEN DE LOS SUCESOS

II. Estudia las cuatro escenas siguientes. Organiza los eventos según el orden en que sucedieron, colocando números progresivos dentro de los círculos.

IDENTIFICAR LA IDEA CENTRAL

III. Selecciona la alternativa que mejor completa la premisa numerada.

1. ¿A cuál de los siguientes temas la narración da más importancia?
    a. Al gesto de ayudar
    b. A la superación
    c. A la diversión
    d. Al chisme

2. ¿Cuál de las siguientes oraciones se relaciona más con la idea central?
    a. Viviendo al fin la vida plena y libre de un águila
    b. Un cazador descubrió, casualmente, un nido
    c. Anduvo a saltitos sobre la punta de las patas
    d. Un día, cuando descansaba tranquilamente al sol

3. Otro título para esta lectura puede ser:
    a. Un nido perdido
    b. Un cazador y su cabaña
    c. El despertar del aguilucho
    d. Las aves de corral

4. La idea central del tercer párrafo es:
    a. Un día, cuando descansaba tranquilamente al sol
    b. Abrió las alas
    c. Anduvo a saltitos
    d. Lanzando un agudo chillido voló en busca de su hermana

5. ¿Cuál es el mensaje más importante de la narración?
    a. Dos águilas se conocen
    b. Descubrir que podemos alcanzar una vida plena y libre
    c. Un cazador descubriendo un nido
    d. Un aguilucho en la terraza

CONTESTAR PREGUNTAS PARA EL DESARROLLO DE VALORES Y DEL PENSAMIENTO CRÍTICO

IV. Lee, piensa y participa en una discusión grupal con tus respuestas a las siguientes preguntas.

1. ¿Por qué el aguilucho perdió por algún tiempo su fiero instinto de ave de rapiña?

2. ¿Podría acontecer algo semejante a lo que le sucedió al aguilucho, con alguna persona que tuviera que vivir en un medio inferior? ¿Por qué?

3. ¿Consideras que el deseo del aguilucho de volar para alcanzar a su hermana mostraba un deseo de superación y libertad? ¿Por qué?

4. ¿Debemos conformarnos con vivir siempre en donde ahora nos encontramos?

5. ¿Por qué cuando el águila descubrió la verdad acerca de ella se sintió plenamente libre?

6. ¿Crees que volar más allá de las nubes y de las tempestades es como superar las dificultades ¿Por qué?

7. ¿Te has imaginado a ti mismo cuando seas mayor en otro sitio mejor, en algún aspecto, al que te encuentras ahora?

8. ¿Conoces a alguien que se haya superado hasta alcanzar grandes alturas? Comenta algunos ejemplos.

9. ¿Crees que el aguilucho sentía una voz interior que le decía quién era en realidad? ¿Por qué?

10. ¿Consideras que debemos identificarnos como hermanos con los que deciden "volar alto" para alcanzarlos y volar con ellos?

BUENA VOLUNTAD

 n hombre adquirió una hacienda y, días después, se encontró con uno de sus vecinos. —¿Compró usted esta propiedad, señor?—le preguntó el vecino en un tono casi agresivo.

—¡Sí, la compré, amigo mío!

—Pues siento decirle que va a tener dificultades. Con estas tierras también compró un litigio en los tribunales.

—¿Qué dice? ¡No le comprendo!

—Voy a explicarme. Existe una cerca, construida por el anterior propietario, fuera de la línea divisora. Y yo no estoy de acuerdo con esa cerca. Quiero defender mis derechos y voy a demandarle.

—Le ruego que no haga semejante cosa —contestó el propietario—. Creo en su palabra. Si la cerca no está en el lugar preciso estudiaremos el problema y nos pondremos de acuerdo amigablemente.

—¿Está usted hablando en serio?

—¡Claro que sí!

—Si es así —contestó el demandante— la cerca se quedará donde está. Veo que es usted un hombre honrado y digno. Prefiero más su amistad que todos los terrenos del mundo.

A partir de ese momento los dos vecinos de hicieron amigos inseparables y esa amistad fue de gran utilidad para ambos.

Anónimo

Buena voluntad

Ejercicios para el estudio de la lectura

Comprender las palabras

I. Selecciona la alternativa que mejor completa la premisa numerada.

1. La palabra adquirir se refiere a:
   a. Dar algo
   b. Conseguir algo
   c. Escoger algunas cosas
   d. Señalar algo

2. La palabra hacienda se refiere a:
   a. Una casa grande
   b. Una propiedad pequeña
   c. Una propiedad en zona urbana
   d. Una finca agrícola

3. ¿Cuál de las siguientes palabras es sinónimo del término litigio?
   a. Orden
   b. Pleito
   c. Ligar
   d. Arreglo

4. El significado de la palabra tribunal es:
   a. Lugar destinado a los jueces para administrar la justicia
   b. Galería cubierta destinada para los espectadores
   c. Plataforma elevada desde la cual se lee en las asambleas
   d. Balcón que hay en el interior de algunas iglesias

5. La palabra demandante se refiere a:
   a. Una persona que manda a un grupo
   b. Una persona que recibe órdenes
   c. Una persona que da una orden
   d. Una persona que solicita algo en un juicio

Identificar detalles

II. Selecciona la alternativa que mejor completa la premisa numerada.

1. Esta narración se desarrolla en:
   a. Una zona residencial
   b. Un barrio
   c. Un condominio
   d. Una hacienda
2. La discusión surgió entre:
   a. Dos vecinos
   b. Dos compadres
   c. Dos hermanos
   d. Dos amigos
3. El vecino, en tono agresivo, le vaticinó:
   a. Una pelea a golpes
   b. Un litigio en los tribunales
   c. Poca producción en sus tierras
   d. Problemas diversos
4. El problema entre los vecinos era por:
   a. Una barda que impedía ver
   b. Unas plantas que invadían el terreno vacío
   c. Una cerca construida por el anterior propietario fuera de sus límites
   d. Basura que estorbaba al vecino
5. El vecino quería demandarle porque pensaba que debía:
   a. Tener más tierras
   b. Agrandar su hacienda
   c. Pelear con su vecino
   d. Defender sus derechos

Establecer el orden de los sucesos

III. Organiza los sucesos en el orden que ocurrieron. Usa numerales.

_____ Por una cerca fuera de la línea divisoria, el vecino le amenaza con un litigio en los tribunales.

_____ El dueño de la hacienda creyó en lo expresado por su vecino acerca del error en la línea divisoria.

_____ Los dos vecinos se hicieron amigos inseparables y esa amistad fue de gran utilidad para ambos.

_____ Un hombre adquirió una hacienda y poco después se encontró con uno de sus vecinos.

_____ El vecino demandante decide que la cerca se quede donde está.

CONTESTAR PREGUNTAS PARA EL DESARROLLO DE VALORES Y DEL PENSAMIENTO CRÍTICO

IV. *Lee, piensa y participa en una discusión grupal con tus respuestas a las siguientes preguntas.*

1. ¿Crees que la respuesta sincera del propietario de la hacienda evitó el litigio? ¿Por qué?

2. ¿Consideras que podría confundirse la buena actitud del dueño de la hacienda con un carácter tímido?

3. ¿Cuáles son los detalles que denotan buena voluntad por parte de los personajes de la lectura?

4. ¿Por qué decidió el demandante dejar la cerca en su lugar?

5. ¿Crees que valió la pena perder terreno a cambio de una buena amistad?

6. ¿Has tenido tú o tu familia, problemas de convivencia con algún vecino?

7. ¿Crees que la buena voluntad puede ayudar a una sana convivencia?

8. ¿Tienes vecinos que con el tiempo se han convertido en tus amigos?

9. ¿En un momento de apuro has recibido ayuda de algún vecino amistoso?

10. ¿Consideras importante la amistad vecinal para vivir más felices? ¿Por qué?

¡QUÉ VENTARRÓN!

El viento revolvió los calcetines; encuentra el par de cada vocal mayúscula y minúscula y únelo con una línea. Fíjate en los dibujos y colores de los calcetines; cada par debe ser igual.

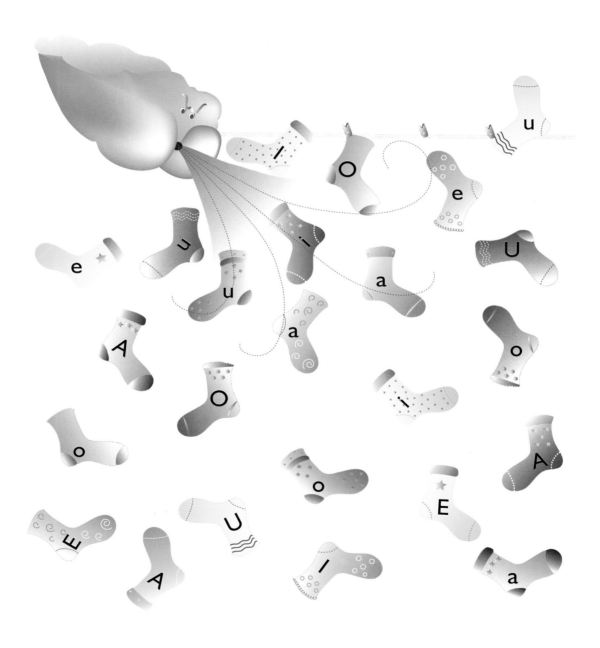

Figura sorpresa

Sigue el orden del alfabeto con una línea y descubrirás una figura sorpresa.

Lee mucho para que mejores tu ortografía

UNA CARGA MUY PESADA

miel árbol cebolla ave
audaz cirujano caballo
abeja soy calabozo piel
combinación máquina
cañonazo enramada
caramelo carroza álbum
cara día fue colegio
cual divertido muy

Anota en cada camioncito, una de las palabras que aparecen a la izquierda, cuidando que el total de sus sílabas corresponda al número que tiene escrito.

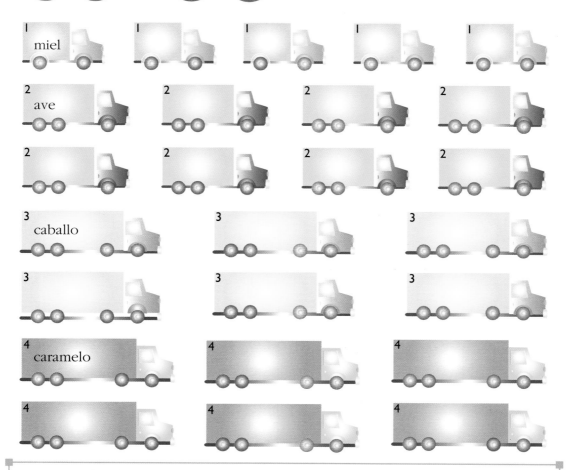

De acuerdo al número de sus sílabas, las palabras pueden ser monosílabas, bisílabas, trisílabas y polisílabas.

¿DÓNDE VA LA FUERZA?

Termina los ejercicios. Sigue los ejemplos.

CAN DA DO

Sílabas tónicas

Con acento ortográfico

balística	ba-**lís**-ti-ca
álgebra	_____
ábside	_____
táctil	_____
bursátil	_____
catástrofe	_____
tónica	_____
decálogo	_____
dórico	_____

famélico
grúa
híbrido

Con acento prosódico

Carlos	**Car**-los
resumen	_____
colegio	_____
alumno	_____
temor	_____
pizarra	_____
pared	_____
escribir	_____
barniz	_____
maestro	_____
tintero	_____
cubrir	_____
pala	_____

Sólo palabras escogidas

Escribe sobre los renglones las palabras del depósito, escogiéndolas de acuerdo al tipo de vocal con la que principian.

Son fuertes: **a**, **e**, **o**.

Son débiles: **i**, **u**.

Fuertes

_____
_____
_____
_____
_____
_____
_____
_____
_____
_____
_____

abajo iglesia uva único
ácido eclipse oro útil
océano abeja oveja ilusión
imán abuela uno elegir
elástico uso idea imagen

Débiles

_____
_____
_____
_____
_____
_____
_____
_____
_____
_____
_____

Nunca debes olvidar que existen tres vocales fuertes: a, e, o: y dos débiles: i, u.

LA MAQUINITA

| ante antepenúltima sílaba | antepenúltima sílaba | penúltima sílaba | última sílaba |

¿Recuerdas que las por su número de sílabas?

Pues también se clasifican por el lugar en donde llevan el acento (mayor fuerza o intensidad de la pronunciación):

Agudas, cuando esa fuerza recae en la última sílaba: pin-cel, es-cri-tor, vio-lín.

Graves o llanas, cuando dicha fuerza está en la penúltima sílaba: Car-los, cár-cel, can-da-do.

Esdrújulas, si la intensidad se localiza en la antepenúltima sílaba: bús-que-da, má-qui-na, plá-ti-ca.

Sobreesdrújulas, con la fuerza aplicada en la cuarta o quinta sílaba, contadas de derecha a izquierda: en-tré-ga-me-lo. Son palabras poco usuales en nuestro idioma.

Clasifica las siguientes palabras por el lugar donde llevan el acento: amistad, certamen, leer, bisel, libro, acudir, pólvora, inglés, rústico, sala, aguarrás, mesa, ventana, bambú, ávido, no, témpano, hielo, construido, árbol, sofá, mamá, alto, sílaba, esdrújula, árboles, mástiles, fábula, léxico.

Agudas	Graves	Esdrújulas
_____	_____	_____
_____	_____	_____
_____	_____	_____
_____	_____	_____
_____	_____	_____
_____	_____	_____
_____	_____	_____
_____	_____	_____

Divisiones y separaciones

Divide en sílabas las siguientes palabras:

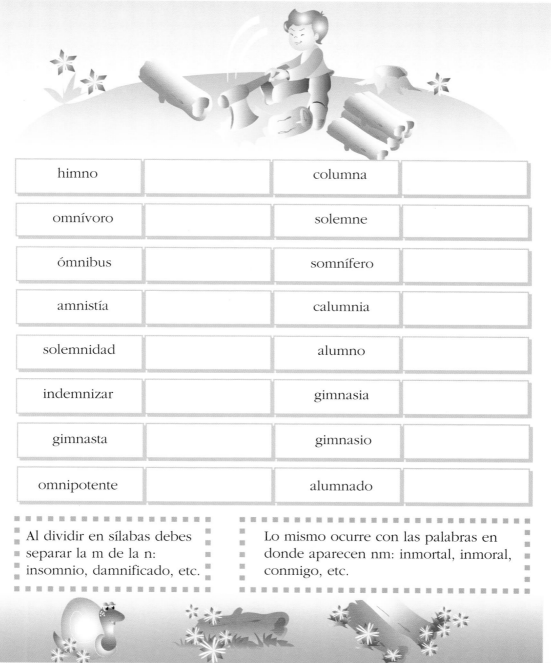

himno		columna	
omnívoro		solemne	
ómnibus		somnífero	
amnistía		calumnia	
solemnidad		alumno	
indemnizar		gimnasia	
gimnasta		gimnasio	
omnipotente		alumnado	

Al dividir en sílabas debes separar la m de la n: insomnio, damnificado, etc.

Lo mismo ocurre con las palabras en donde aparecen nm: inmortal, inmoral, conmigo, etc.

Una sílaba está formada por una o varias letras que se pronuncian en una sola emisión de voz.

Aquí hay un aumentativo o un diminutivo

Cuando escribimos el aumentativo o el diminutivo de los sustantivos, podemos encontrar algunas dificultades ortográficas.

En los espacios de abajo, anota los aumentativos o diminutivos, según corresponda.

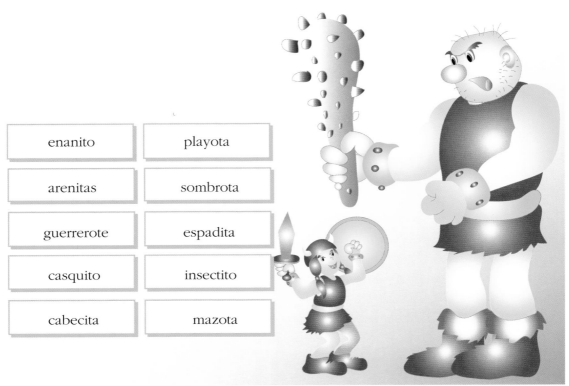

enanito	playota
arenitas	sombrota
guerrerote	espadita
casquito	insectito
cabecita	mazota

El gigante de la playa encantada

Nuestro héroe, armado de valor y con su inseparable _____, llegó a una _____ con _____ que brillaban a la luz del sol.

Todo era tan grande, que parecía un _____ caminando en un inmenso desierto.

De pronto, una _____ se proyectó sobre él; al voltear hacia arriba, su sorpresa no tuvo límites: un _____ le cerraba el paso, armado con una _____ erizada de agudos picos.

—¿A dónde crees que vas, _____? —Preguntó.

—Aplastaré con mi maza esa _____ cubierta con tan ridículo _____.

PALABRAS CRUZADAS

Escribe el nombre de cada figura en los casilleros. No olvides que las palabras se cruzan entre sí.

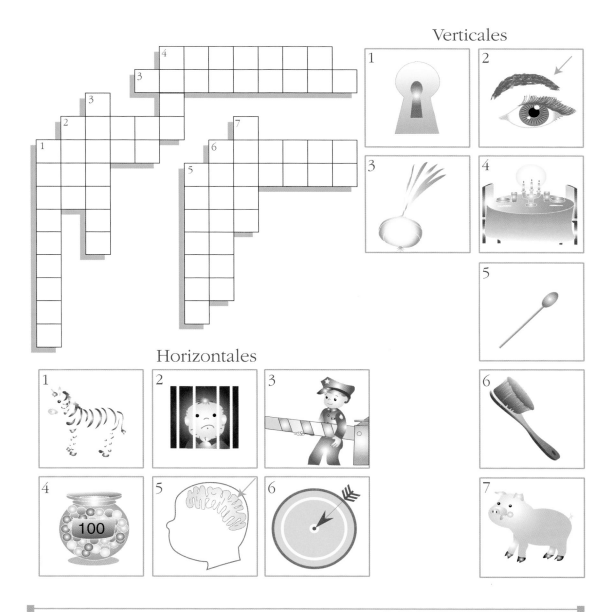

Verticales

Horizontales

Cuando encontramos a la letra **c**, seguida de las vocales **e**, **i**, está representando al sonido de la **s**.

A PROPÓSITO DE LA Z

¿Recuerdas algunas reglas para el uso de la letra z?

¿Qué sucede al formarse el plural en una palabra terminada en z?

Muy sencillo: la z, se transforma en c.

Termina el ejercicio.

SINGULAR	PLURAL	SINGULAR	PLURAL
antifaz	antifaces	feliz	
capataz	capataces	barniz	
fugaz	fugaces	nariz	
luz		lombriz	
pequeñez		arroz	
eficaz		arcabuz	
disfraz		actriz	
pez		mordaz	
avestruz		tenaz	
cicatriz		estrechez	
feroz		nuez	
voz		andaluz	
veloz		voraz	
matiz		doblez	

¿Dónde están?

Une cada palabra con su plural.

raíz	faces	mordaz
tapiz	audaces	matiz
incapaz	disfraces	rapaz
arroz	andaluces	lombriz
faz	raíces	sagaz
feroz	feroces	tenaz
disfraz	voces	feliz
veloz	tapices	barniz
eficaz	veloces	cicatriz
voz	eficaces	doblez
capataz	incapaces	vivaz
andaluz	capataces	nuez
audaz	arroces	voraz

Las palabras que en singular terminan en **z**, al formarse su plural, la **z** se cambia por **c**.

Abriendo brecha

Para que ganes este juego, deberás escribir sobre la raya
bra, bre, bri, bro o bru.

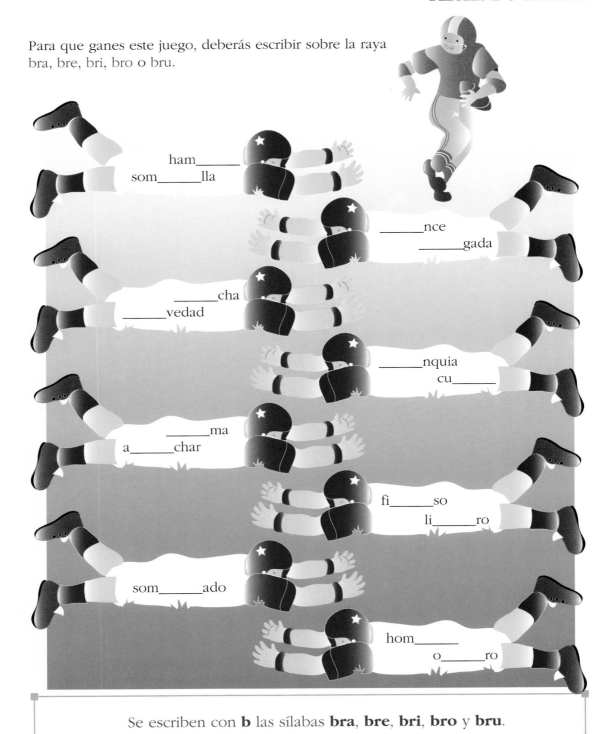

ham_____
som_____lla

_____nce
_____gada

_____cha
_____vedad

_____nquia
cu_____

_____ma
a_____char

fi_____so
li_____ro

som_____ado

hom_____
o_____ro

Se escriben con **b** las sílabas **bra**, **bre**, **bri**, **bro** y **bru**.

Busco un bufón burlón

bufón   **bur**lón   **bus**ca

Une con una línea todas las palabras que empiecen con **bu**; después, haz lo mismo con las iniciadas con **bur**; y finalmente, realízalo con las que principian con **bus**.

bucal		buche

burbuja

búsqueda   busto

burlador   buril

busca

buscapié   buscón

burla   bucle

bulla

Se escriben con **b** las palabras que empiezan con **bu**, **bur** y **bus**.

¿CUÁL ESCRIBO?

Escribe bajo la ilustración la palabra correcta.

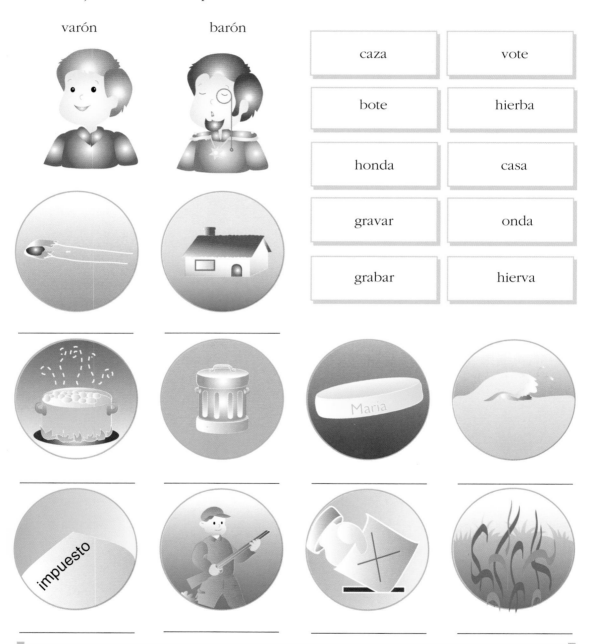

varón   barón

caza	vote
bote	hierba
honda	casa
gravar	onda
grabar	hierva

A pesar de que las palabras homófonas se pronuncian igual, tienen diferente significado y ortografía.

LOS PUNTOS MÁGICOS

Ocurrió que hace mucho tiempo, la letra **u** estaba muy triste; se sentía así porque representando a un sonido, cuando iba en compañía de la **g** y de la **e** o de la **i**, éstas no permitían que dijera nada.

Siguieron así las cosas hasta que un buen día, un duendecillo, amigo de ella, le llevó un regalo: dos puntos mágicos que cuando los pusiera sobre su cabeza, harían que su sonido volviera a escucharse, sin importar con quien se encontrara.

Coloca los puntos cuando la **u** deba sonar.

guero	deguello	águila	zariguella
pingue	guijarro	desague	
guerra	unguento	anguila	
bilingue	guiño	averigue	
guitarra	cigueña	honguito	
aguijón	guerrero	lengueta	
antiguedad	arguir	siguiente	
verguenza	lenguita	guiso	

Para que suene la **u** cuando está entre la **g** y las vocales **e**, **i**, se le colocan dos puntos llamados diéresis.

¡VAMPIROS!

Acomoda en los casilleros las palabras que aparecen abajo. Cuida que coincidan las letras.

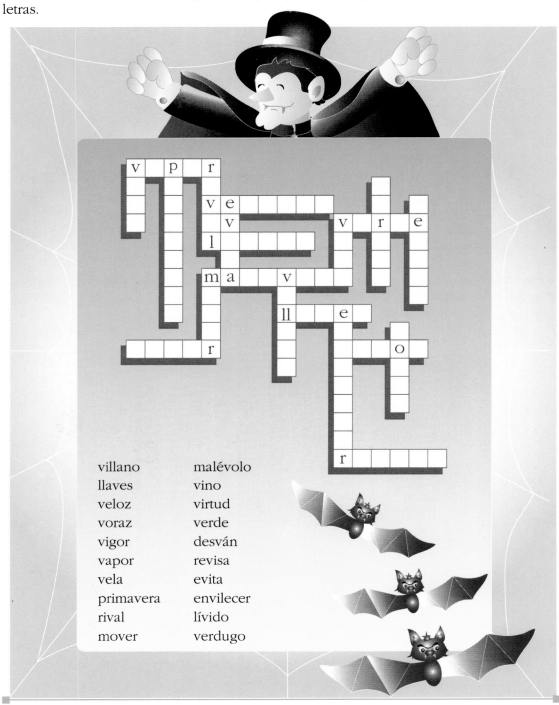

villano	malévolo
llaves	vino
veloz	virtud
voraz	verde
vigor	desván
vapor	revisa
vela	evita
primavera	envilecer
rival	lívido
mover	verdugo

¿Dónde están?

En la tienda compré galletas, dulces, chocolates y refrescos.

La coma

Anota las comas que faltan en los espacios señalados.

No quiero llegar a tanto ___ pero tal vez podríamos ___ de vez en cuando ___ tener una reunión tranquila sin discusiones ___ pleitos ___ reclamos o enojos.

La coma es el signo que más se usa en la escritura; indica una pausa breve en la lectura.

UNA CLAVE SECRETA

Cambia los números por letras y escribe las palabras completas.

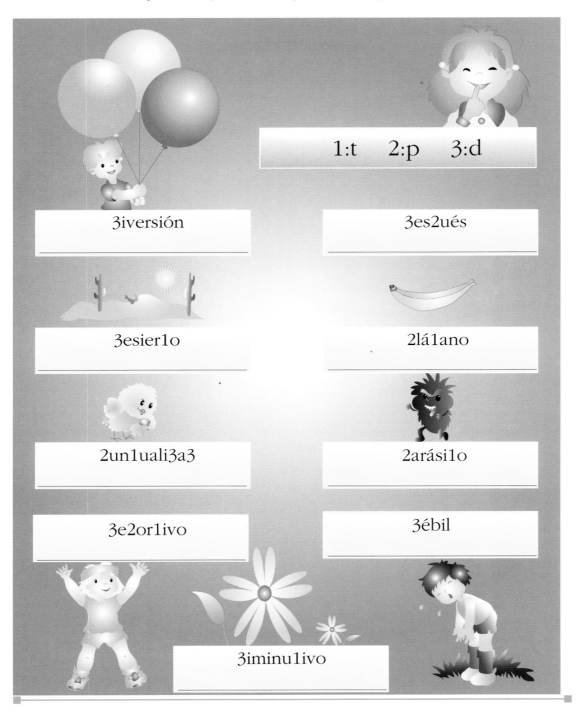

1:t   2:p   3:d

3iversión

3es2ués

3esier1o

2lá1ano

2un1uali3a3

2arási1o

3e2or1ivo

3ébil

3iminu1ivo

¿QUÉ ES LO OPUESTO A...?

Anota a la derecha de la palabra lo que signifique lo contrario.

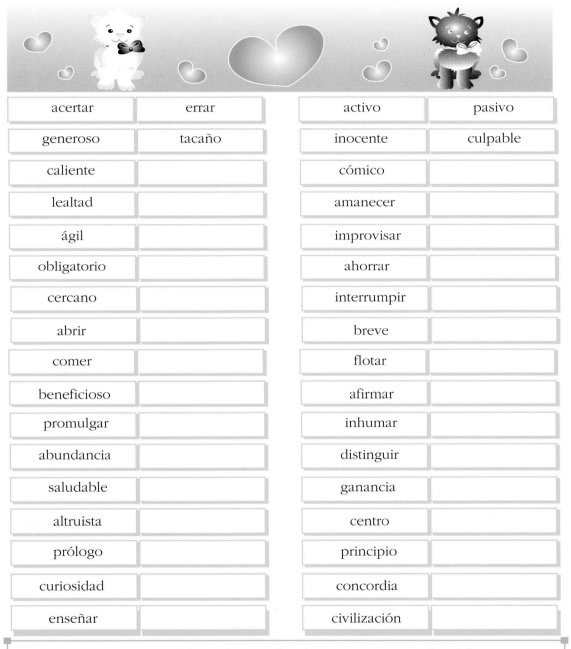

acertar	errar	activo	pasivo
generoso	tacaño	inocente	culpable
caliente		cómico	
lealtad		amanecer	
ágil		improvisar	
obligatorio		ahorrar	
cercano		interrumpir	
abrir		breve	
comer		flotar	
beneficioso		afirmar	
promulgar		inhumar	
abundancia		distinguir	
saludable		ganancia	
altruista		centro	
prólogo		principio	
curiosidad		concordia	
enseñar		civilización	

Los antónimos son palabras de significado opuesto. Ejemplos: blanco, negro; obedecer, desobedecer; aceptar, rehusar, etcétera.

PARA ENTENDERNOS MEJOR

¡Llévanos a nuestro destino!

Coloca en su lugar cada uno de los signos de puntuación:

(,) (.) (;) (:) (...) (¿) (?) (¡) (!) (—) (-) ("") (( )) (..)

coma	○	fin de admiración	○
diéresis	○	paréntesis	○
guión largo	○	punto	○
dos puntos	○	puntos suspensivos	○
principio de interrogación	○	fin de interrogación	○
punto y coma	○	principio de admiración	○
guión corto	○	comillas	○

EL DOCTOR INFINITO

En un planeta lejano y misterioso existe un poderoso ser que cambia a los verbos conjugados a su modo infinitivo. Haz tú lo mismo.

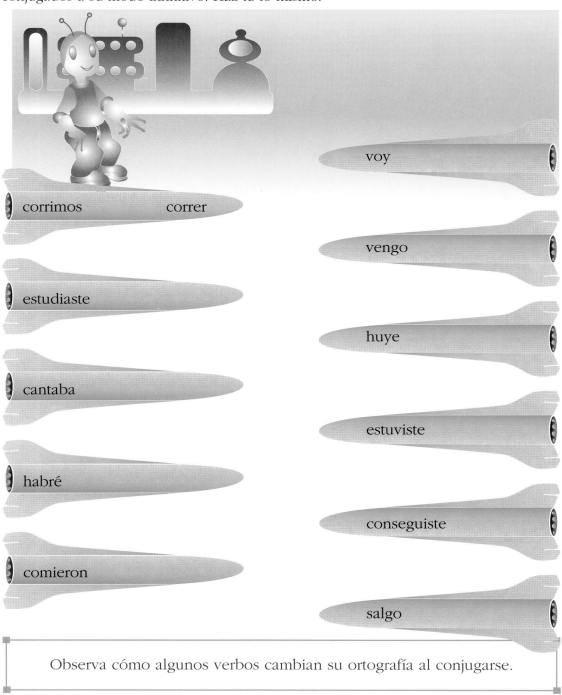

corrimos   correr

voy

estudiaste

vengo

cantaba

huye

habré

estuviste

comieron

conseguiste

salgo

Observa cómo algunos verbos cambian su ortografía al conjugarse.

¡QUÉ MAR TAN PICADO!

Se escriben con **j** las palabras terminadas en **aje**.

Forma una oración con cada unas de las palabras que están en los barcos.

carruaje _____

follaje _____

personaje _____

plumaje _____

coraje _____

Hay también palabras terminadas en **age**, como amb**age**, pero su uso no es frecuente.

¡Qué Pesadilla!

A los siguientes enunciados les faltan los signos de admiración. Colócaselos.

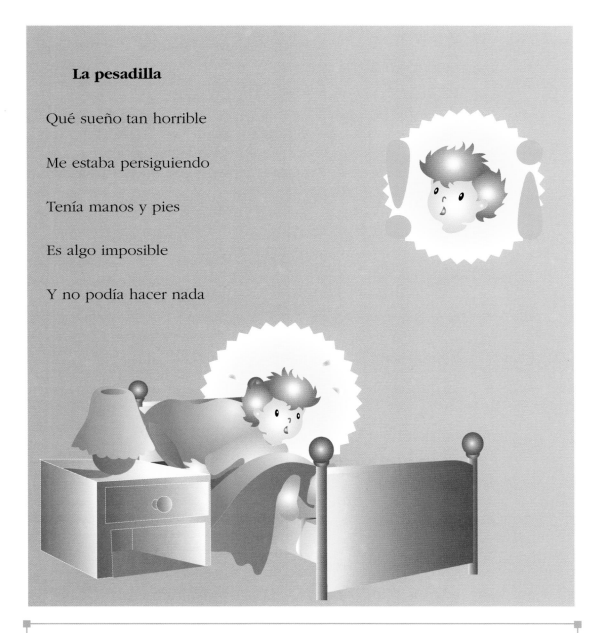

La pesadilla

Qué sueño tan horrible

Me estaba persiguiendo

Tenía manos y pies

Es algo imposible

Y no podía hacer nada

Los signos de admiración o exclamación nos sirven para expresar sorpresa, asombro, miedo, enojo. Se ponen al principio y al final de la oración.

¿QUÉ VA ANTES?

Lee cuidadosamente las siguientes palabras, luego escríbelas sobre las líneas. En una columna las que lleven **mb** y en otra las que tengan **nv**.

marimba rumbo inverso biombo invierno anverso convento ámbar ambos zambullir embargar pambazo envidia investigar tranvía ambiente conversación ambulancia invento

zambullir	investigar
_____	_____
_____	_____
_____	_____
_____	_____
_____	_____
_____	_____
_____	_____
_____	_____

Recuerda que la **m** se escribe antes de **b**, y la **n** se escribe antes de **v**.

TODO LO CONTRARIO

Escribe en los espacios **in** o **des**, según corresponda, y forma palabras compuestas que escribirás en los renglones de abajo. Observa los ejemplos.

in	adecuado		inadecuado		des	cubrir
	hacer		descubrir			aseado
	diferente					creíble
	separable					sensato
	habilitado					orden
	capacidad					calculable
	abrigar					visible
	acuerdo					igual
	cierto					comunicar
	seguro					mentir
	agravio					arreglar
	decente					concebible
	cortés					conocer
	confiar					definido
	moral					engañar

Las combinaciones **in** y **des**, cuando forman parte de voces compuestas, dan un significado opuesto al que tenía la palabra simple: visible, invisible; compuesto, descompuesto.

¡UN EXQUISITO MENÚ!

Escoge la letra que corresponde al sinónimo correcto y escríbela en el paréntesis.

comer
alimentarse
consumir

1. Aceptar:
   a) acertar   b) admitir   c) encontrar   (   )

2. Aconsejar:
   a) advertir   b) hallar   c) aprobar   (   )

3. Delatar:
   a) ocultar   b) terminar   c) denunciar   (   )

4. Elogio:
   a) distinción   b) alabanza   c) energía   (   )

5. Lentas:
   a) parciales   b) calmosas   c) completas   (   )

6. Preceder:
   a) preguntar   b) demandar   c) anteceder   (   )

7. Resistir:
   a) soportar   b) ceder   c) transigir   (   )

8. Enérgico:
   a) firme   b) fino   c) propio   (   )

9. Empujar:
   a) obligar   b) impulsar   c) amparar   (   )

10. Distinguir:
    a) diferenciar   b) finalizar   c) vigilar   (   )

11. Luz:
    a) claridad   b) pulcritud   c) limpieza   (   )

12. Justicia:
    a) generosidad   b) ley   c) equidad   (   )

13. Obediente:
    a) disciplinado   b) gentil   c) honrado   (   )

14. Promulgar:
    a) defender   b) publicar   c) confirmar   (   )

Los sinónimos son términos o palabras que se escriben de manera distinta, pero cuyo significado es semejante.